mamã

mamá

papá

papi

menino

niño

menina

niña

1

um

uno

2

dois

dos

3

três

tres

4

quatro

cuatro

5

cinco

cinco

6

seis

seis

7

sete

siete

8

oito

ocho

9

nove

nueve

10

dez

diez

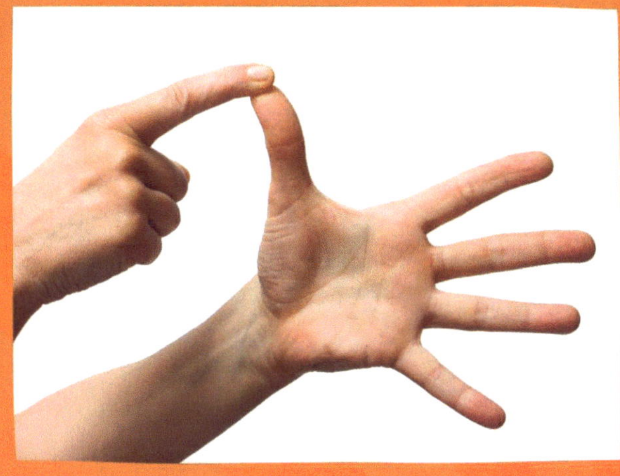

contar

contar

escrever

escribir

desenhar

dibujar

pintar

pintar

círculo

círculo

quadrado

cuadrado

retângulo

rectángulo

triângulo

triángulo

estrela

estrella

preto

negro

branco

blanco

castanho

marrón

vermelho

rojo

azul

azul

amarelo

amarillo

verde

verde

cinzento

gris

rosa

rosa

maçã

manzana

banana

plátano

ananás

piña

melancia

sandía

pera

pera

uvas

uvas

manga

mango

pêssego

melocotón

morango

fresa

cereja

cereza

laranja

naranja

coco

coco

limão

limón

cogumelo

seta

milho

maíz

tomate

tomate

abóbora

calabaza

pepino

pepino

cenoura

zanahoria

batata

patata

curgete

calabacín

espinafre

espinacas

couve-flor

coliflor

ovo

huevo

prato

plato

colher

cuchara

faca

cuchillo

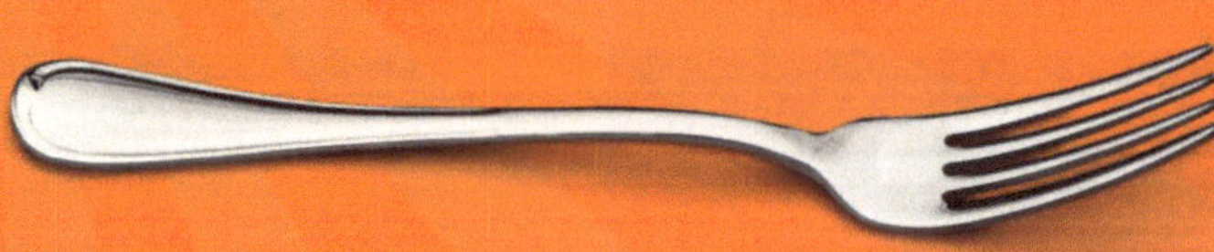

garfo

tenedor

bolo

pastel

biberão

biberón

doces

golosinas

queijo

queso

beber

beber

comer

comer

quente

caliente

frio

frío

pequeno

pequeño

grande

grande

 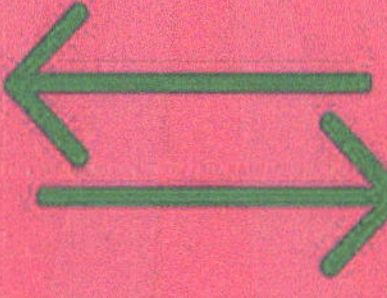 

curto

corto

longo

largo

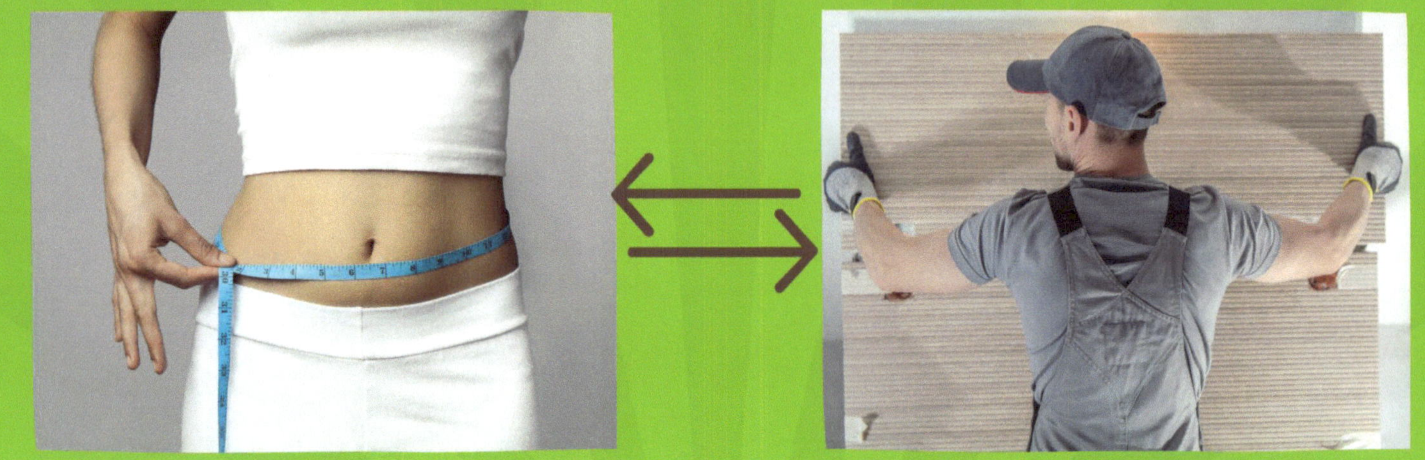

fino

delgado

grande

grande

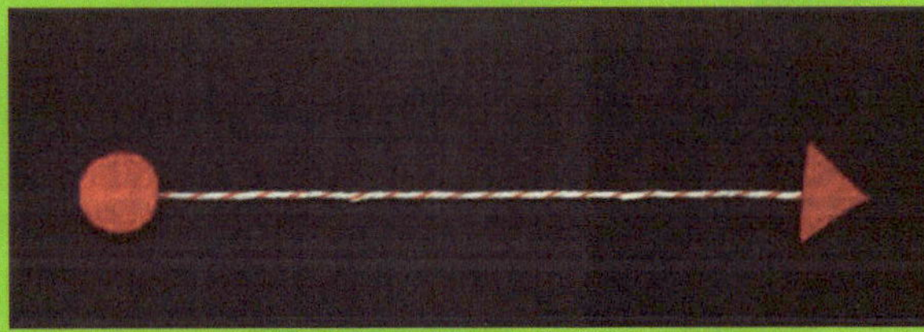

fácil

fácil

difícil

difícil

levantar-se

levantarse

sentar-se

sentarse

doce

dulce

salgado

salado

pesado

leve

pesado

ligero

dentro

fora

en

fuera

sujo

sucio

limpo

limpio

fechar

cerrado

abrir

abierto

lápis

lápices

relógio

reloj

chave

llave

livro

libro

cama

cama

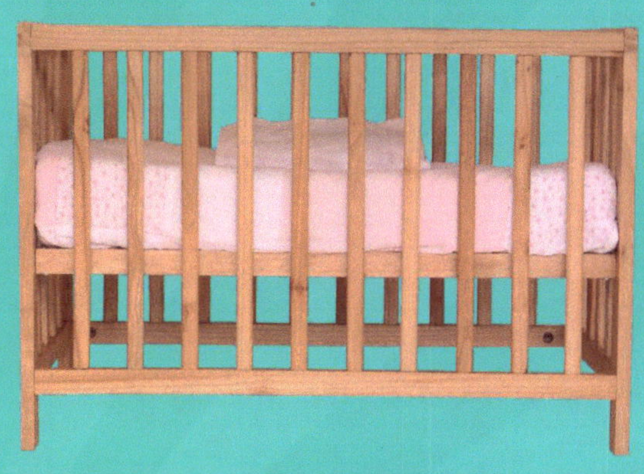

berço

cuna

mesa

mesa

cadeira

silla

carro

coche

bicicleta

bicicleta

avião

avión

barco

barco

comboio

tren

helicóptero

helicóptero

camião dos bombeiros

camión de bomberos

bombeiro

bombero

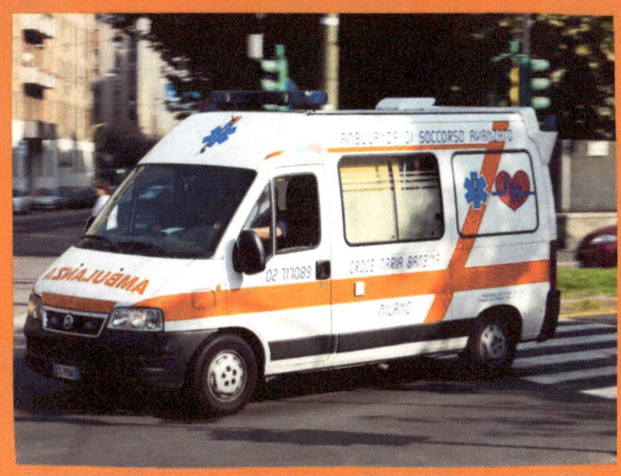

ambulância

ambulancia

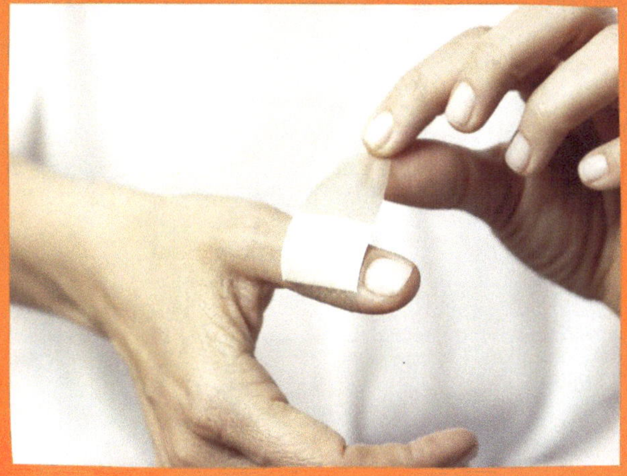

ligadura

vendaje

paramédico

paramédico

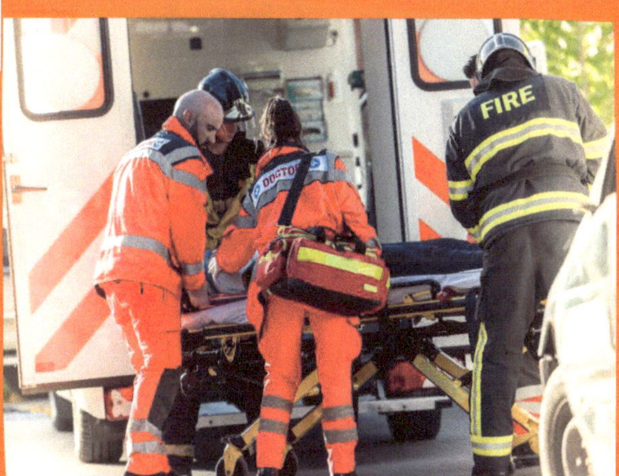

equipa de resgate

equipo de rescate

floresta

bosque

montanha

montaña

relva

hierba

areia

arena

árvore

árbol

flor

flor

borboleta

mariposa

formiga

hormiga

gato

gato

cão

perro

cavalo

caballo

rato

ratón

vaca

vaca

porco

cerdo

ovelha

oveja

pato

pato

ganso

ganso

coelho

conejo

peixe

pez

veterinário

veterinario

médico

doctor

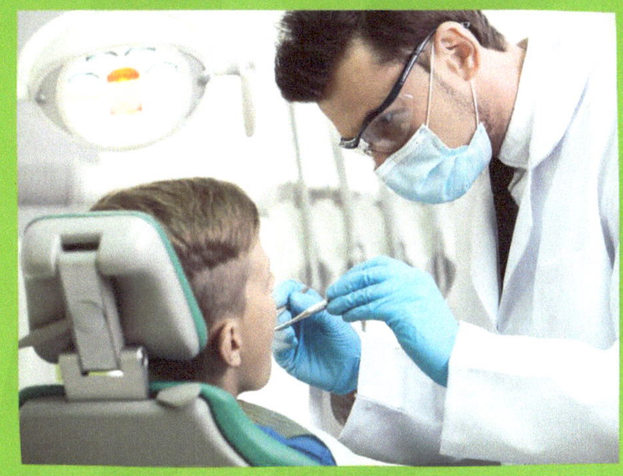

dentista

dentista

farmacêutico

farmacéutico

enfermeira

enfermera

cabeça

cabeza

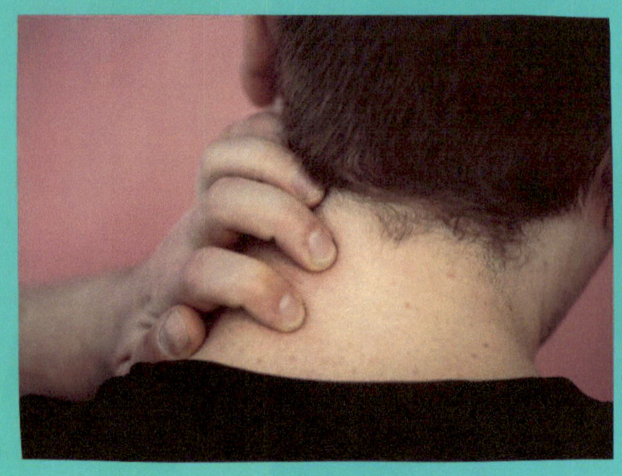

pescoço

cuello

pé

pie

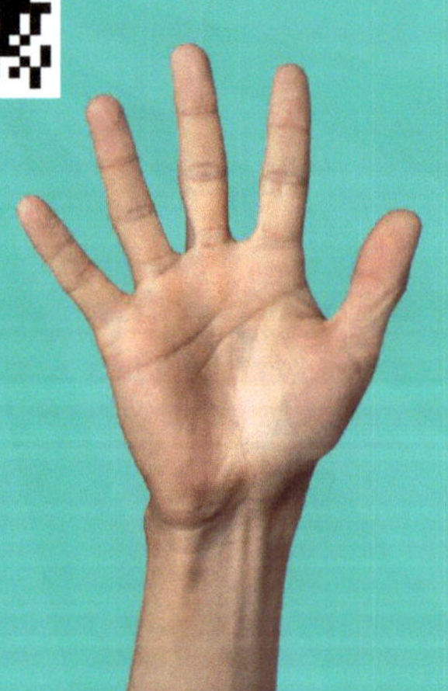

mão

mano

dentes

dientes

olho

ojo

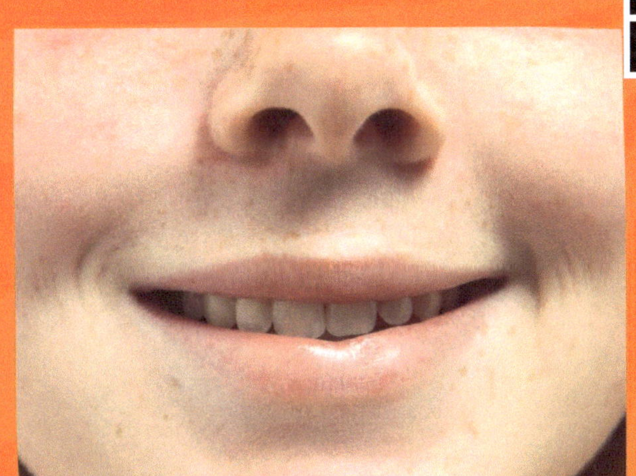

boca

boca

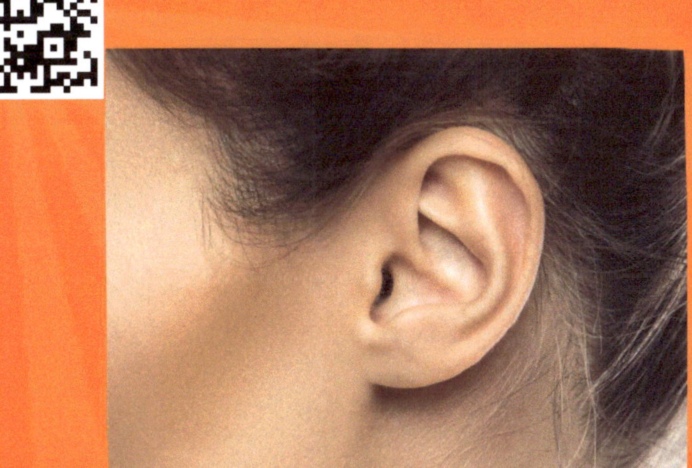

orelha

oreja

chapéu

sombrero

vestido

vestido

calças

pantalones

sapatos

zapatos

casaco

abrigo

cachecol

bufanda

guarda-chuva

paraguas

óculos

gafas

sol

sol

nublado

nublado

chuvoso

lluvioso

lua

luna